AF202438

© 2018 Michael Winter

Umschlaggestaltung, Illustration: Dott the Scot

Lektorat, Korrektorat: Anika Tuerkkan

Grafiken: Carolin Hinz und Katharina Dietze

Verlag und Druck: tredition GmbH, Halenreie 40-44, 22359 Hamburg

ISBN Taschenbuch: 978-3-7469-9538-0

ISBN e-Book: 978-3-7469-9539-7

Bibliografische Information der Deutschen Nationalbibliothek:
Die Deutsche Nationalbibliothek verzeichnet diese Publikation in der Deutschen Nationalbibliografie; detaillierte bibliografische Daten sind im Internet über http://dnb.d-nb.de abrufbar.

Mission Statement

Atme aus - Erlebtes ein,
Worte sollen dein Spiegel sein.
Gehe in dich, so geduldig,
bist du Kläger oder schuldig?

Atme ein und Zeilen aus!
Wring die schwarze Seele aus.
Frei erfunden! Biographisch?
Lies es richtig oder gar nicht.

Denn dieses Haus...

...ist nah am Feuer gebaut.

Danksagung

An dieser Stelle möchte ich auf den Entstehungsprozess dieses Buches zurückschauen und all den Menschen danken, die die Reise dieses Werkes ermöglicht, unterstützt und begleitet haben. Liebe Grüße und ein ehrlich empfundenes Dankeschön an die Wegbegleiter, die Beteiligten sowie an meine Familie und meine loyalen Freunde - an alle die, die kamen und gingen, an die, die bleiben, und an die, die dazukommen. Danke für die aufbauenden Worte, für das ehrliche Feedback, die aufrichtige Kritik sowie die grenzenlose Inspiration.

Dies ist der Beweis für die Erreichbarkeit des Unmöglichen.

Für gestern - Für heute - Für morgen - Für immer!

(Trier, November 2018)

Michael Winter

Nah am Feuer gebaut

(Gedichte 2018)

Mit Grafiken von Carolin Hinz und Katharina Dietze
Cover Design von Dott the Scot

Die Rechnung, bitte!

Zwei Strahlen fallen, brechen, färben,

neues Bild formt sich aus Scherben.

Narben zeichnen aus Ruinen erhoben,

wilde Seelen tanzend verwoben.

Nulllinie – so voller Trost,

öffnen Herzen ihren Schoß.

In reiner Zeit, so rostig rot,

wird entbunden – Totgeburt.

Ein Weilchen weinen Wellen, weil,

die schöne Vase nicht mehr heil.

Verkaufte Lippen – Gedanken frei,

so bricht das Rosenbild entzwei.

Sieben Scherben formen, die achte nicht,

lauert geifernd, witternd, lächelnd, schlicht.

Nähert sich wetzend, schnelle Schritte,

ein letztes Wort, die Rechnung, bitte!

Der Kuss

Das Schamesrot fließt auf die Sphären,
Blicke schneiden scharf wie Scheren.
So tobt der Mob in seinen Venen,
es schläft der Mond in deinen Tränen.

Die Menschenmacht im Auge spricht,
»spürst du meine Krallen nicht?«
So fängt das Herz zu sprechen an,
und gibt der Stille Lebensklang.

Wanderer

Zur Reise aufgebrochen, der Weg längst geplant,
voller Mut und Reisehunger.
Wenn der Sehnsuchtsgedanke umgarnt,
die Leinen los - vorwärts!

Halt das Boot fest - lass es nicht los,
Wellen schlagen, durchsegle die Nacht,
wiegt dich sanft im warmen Schoß.
In Stille du wachst - Wanderer!

Mitstreiter scheiden und Wärme wird kalt,
die Finsternis lauert bei ihm.
Das Gefieder der Nacht birgt dunkle Gestalt,
nimmt ihm das Licht - Schwärze!

Der Zweifel umfasst den knarzenden Guss,
das salzige Brennen der Haut.
Was einst war Freiheit ist nun Verdruss,
die Nacht so kalt - Furcht!

Halt das Boot fest - lass es nicht los,
Wellen schlagen, finster die Nacht,
frag nicht nach morgen - Abstand zu groß.
In Stille du wachst - Wanderer!

Auf rauer See, weit weg von Feindesland,

das rettende Ufer, weit hinter der Sonne.

Umringt vom flüssigen Feuergewand,

die Augen zu - Stille!

Die Wange im Sturm - Über Bord ging der Sinn,

müde, doch reuelos, kein Blick zurück.

Die Sonne erwacht, so reist er dahin,

die Seele geformt - unsterblich!

Schlachtfeld

Wirbel knacken,

ein Sturm entfacht.

Lass uns kämpfen,

Panzermacht.

Angeschossen,

flüchtige Sekunde.

Das Leben ausgewechselt,

Sommerstunde.

Zwei Herzen,

singen in Harmonie.

Verwundbar doch stark,

Lebensphilharmonie...

...mit dem Kopf durch die Wand.

Perfekt

Gibt dir Seele und die Haut,

in ihm dieses Wesen faucht.

»Viel zu wenig, gib mir mehr,«

treibt ihn an und rügt mich sehr.

Fast verbrannt, so liegt er da,

zu Füßen feiner Seelenschar.

Beugt sich tief und löst den Kuss,

sodass ich nicht verrußen muss.

Im Leben der anderen

Er atmet ein und er fängt Feuer,
ein Meer aus Glut und Glas.
Der gute Rat mal wieder teuer,
blickt von außen in das Leben.

Der Lebenssee so riesengroß,
schläft randgefüllt mit Gift.
Die Zeit sie färbt das Eisen rot,
liest Wehmuts letzte Schrift.

Ich führe die Klinge an einen Ort,
an dem der Schmerz längst Geschichte ist.
Fernab der Sehnsucht treib ich fort,
am Fuße des Flusses das Messer.

Und im Leben der anderen...
...ist Frühling.

In Stiller Nacht

Ich wär so gern die Zahnfee,
so magisch, toll, geheim.
Wo aus heißen Herzen springen,
fang ich die Hoffnung ein.

Du sollst mir deine Wünsche denken,
Boote satt an Freiheit lenken,
Körper voller Träume schenken,
ich werd sie dann im Fluss ertränken.

Überleg doch mal am ruhigen Tag,
ob ich es bin, der dich so jagt?
Dein Schicksal kenn ich, es ist tot,
schenkt dir heut das Abendrot.

Schwefelmädchen

Sie kreuzt den Weg und es war falsch,
in der Wunde brennt das Salz.
Will Inneres nach außen drehen,
es will die Welt in Flammen sehen.

Das Feuer flüstert knisternd an,
so hat es sich das nicht gedacht.
Fasst das Kleid und beißt die Hand,
hat nur die Mutter nachgemacht.

Die Flamme rasch das Messer fasst,
sticht ihr lächelnd in die Brust.
Heraus bricht, was nicht ruhen mag
und Schnee fällt im August.

Es atmet schnell die Schwefelluft,
das Messer nach der Wunde ruft.
Und wenn der Funke überspringt,
das Mädchen mit dem Atem ringt.

Randnotiz I

Verschenk doch ein Jahr voller Erlebnisse,
denn das Leben bietet verdammt viele Möglichkeiten...

...zu scheitern.

Unsterblich

Zweige altern, sterben, brechen,
lassen sich nicht mehr verflechten.
Der Bart des Lebens färbt sich grau,
der Herbst im Herzen trägt den Tau.

Nullkontakt und doch gestaltet,
träumt das alte Herz veraltet.
Klettert mutig, fällt so tief,
stahl die Liebe, als sie schlief.

Eine Scherbe formt sich klein,
rückte näher - Stelldichein.
Ist mir in die Haut gekrochen
und hat das alte Leid erstochen.

Achtsam atmend, lieblos enden,
dem Leben vier Sonaten spenden.
Sodass ich werde Recht und Sinn,
wenn ich dann unsterblich bin.

immortal

Brückenlied

Hoch oben überm Sonnenkleid,
steh ich wartend - lustbefreit.
Traurig - trostlos - Terpentin,
geb mich der Versuchung hin.

Blicke weit - die Zeit verbrennt,
wünsch mir, dass mich niemand fängt.
Das Luftkind, das den Sinn erfragt,
wird mit Worten fortgejagt.

Einsam war er - Frust im Blut,
nährt der Stimme heiße Glut.
Zu löschen wag ich sie doch nicht,
ruft mir schweigend ins Gesicht.

Löst die Füße rasch vom Eisen,
will das Zögern doch vermeiden.
Als sich der Gedanke drängt,
wünsch mir, dass mich jemand fängt.

Des Körpers Meere treue Fluten,
lassen nun den Leib verbluten.
Ich reue es, das Atmen schwer,
so steig ich auf zum Engelmeer.

Der Vogel sonnt sich brav im Ried
und pfeift dabei das Brückenlied!

Altjahrestag

Neulich am Altjahrestag,
ich streunend in den Federn lag.
So fang ich mir ein Leinen rein
und atme seine Zeilen ein.

Draußen nachts der Eissturm wettert,
die Flamme auf die Kerze klettert.
So wird in ihr sich Sehnsucht wecken,
ihr Flügel in die Haare stecken.

So wird sie sich behaglich betten,
legt ihr Blut in sanfte Ketten.
In ihrem Sein da steckt ein Speer,
träumt fleischträchtiges Begehr.

Die Nacht, die sich in Strahlen teilt,
der junge Leib zum Fenster eilt.
Hoffend nach den Funken giert,
so zitternd nach der Flamme friert.

Der Schneesturm treibt den feinen Ton,
der Chaoswehe letzter Sohn.
Ein roter Funke und bemannt,
ich nehm sie zärtlich an der Hand.

Der Wind

Die Winde auf das Herzchen treffen,
flüstern reimend wie besessen.
Lüstern keimend – unberührt,
wird´s von feinem Ton verführt.

Zum Diamant die Wolke spricht,
»kennst du Feuers Schmerzen nicht?«
Die Neugier wächst im Herz heran,
so fasst es nachts die Flamme an.

Von Ruß bedeckt es feilt und feilt,
kein Mensch ihm doch zu Hilfe eilt.
Muss es sich zur Reinheit strecken,
will des Feuers Mal verstecken.

Doch als die Winde es begriffen,
das kleine Herz schon totgeschliffen.
Ich lege es in hohes Gras,
wünsch mir, dass es mich vergaß.

Randnotiz II

Die schöne Rose, die am Eis vergeht,

kann auch mit der Glut nicht sein.

Eisschrank

Frostiger Nebel - Männerchor,

das stählerne Schloss schläft erfroren.

Eisige Böen steigen empor,

zur Einsamkeit auserkoren.

Der Guss gepackt in Eis und Frost,

der Schlüssel zum Schloss entzwei.

Zeitzeugen aus Narben durch Rost,

winkt der Abschied - Goodbye!

Ein Eisschrank thront auf meiner Brust,

will ihn so gern verschenken.

Doch niemand teilt die Eiseslust

im Feuer, werd ihn ertränken.

Kinderlied

Der Geigenseite feiner Klang,
woran ich mich erinnern kann.
Sehe einen alten Mann,
wo warst du, als ich dich suchte?

Suchte die Sterne in Nächten klar,
wusste, obwohl man sie nicht sah.
Denn über mir sie wachten starr,
dein helles Funkeln oft gemisst.

Jahre zogen lang und breit,
fröstelnd oft zur Winterzeit.
Küss der Rose letztes Kleid,
der Himmel unnahbar und schwarz.

Ich, der Wolf

Auf den Pfaden durch die Wälder,
gefangen zwischen Nacht und Tag.
Er hört den Puls!
Wie oft ich dich im Traum geküsst?
Der Weg, der dich nach Norden führt,
ein Jäger, der die Wärme spürt.

Die Sonne mahnt, der Mond verlangt,
blutrot die Sichel lächelnd zeigt.
Er riecht die Angst!
Dein zarter Duft den Wald durchdringt!
So lauert es im Laubgerüst
und hört nur noch sein Raubgelüst.

Der Weg wird steil – die Schritte schneller,
Rastlos – schreit das Tier im Blut.
Er ist so nah!
Dein zarter Puls das Laub bedeckt!
Meine Augen rot und weiß,
der Körper badet warm im Schweiß.

Das Jungwild ruht im Tau des Morgens,
die Zähne scharf und rot wie Rost.
So schleicht es wieder auf die Lauer,
der Tag bricht an – Es regnet Staub.

Katharsis

Hör das reinigende Gewitter,
in dessen Regen du verbrennst.
Schmeck des Lebens Süß und Bitter,
des Wolfes böses Lächeln glänzt.

Nachts das Hell des Vollmonds strahlt,
das Blut durch Gift am toben.
Man wetzt den schönen Zackenstahl,
gereizt in Bausch und Bogen.

Kein Vogelmeer am Himmel singt,
reiß Anker aus der Haut.
Zwei Seelen formen einen Leib,
der eine warm, der andere blau.

Wollte dir ein Leben schenken,
wo wilde Gämse weilen.
Um dich darin zu ertränken,
nie mehr wirst du es teilen.

Glücklich

Wie gerne würd ich diesen Tag,
so immer wieder finden.
Ihn einfach in ein Buch binden,
auf ewig an mein Herz halten?

Wie gerne würde ich deinen Blick,
so immer wieder neu spüren.
Ihn auf alles was mal war führen,
auf ewig mit dir teilen.

Morgengebet

Der Tag, der sich im Dunkeln wäscht,
der Vogel, der den Morgen krächzt.
Schiffe kentern in der Not,
ich atme flach, doch bin nicht tot.

Die Schmerzen stark im Kopfgelenk,
das schwere Haupt zu Tal gesenkt.
Tastet zaghaft Raum auf Zehen,
gießt sich Feuer in die Venen.

Zigarettenduft liegt in dem Raum,
die Kassette ruft, man hört sie kaum.
Das Wesen, was vor Scherben steht,
wünscht sich, dass der Rauch sich legt.

Feuerkind

Die Nacht sie hebt sich,
still und leise,
senkt sich fauchend,
Feuerreise.

Fasst die Liebe,
forsch im Schlaf.
Küsst sie zärtlich,
Feuergrab.

Zwei sich treffen – so geheim,
willst nicht mehr alleine sein.
War das Wesen auch nie rein,
wenn wir brennen – Feuerschein!

Die Nacht sie schweigt,
so still und leise.
Hebt sich nicht mehr,
Seelenreise.

So läuft das Blut, so weht der Wind,
blickt alte Zeiten – Feuerkind.

Amelie

Lös die Kachel von der Wand,
nimm die Lüge an der Hand.
Blechgehäuse glänzend rein,
fälscht der Liebe Briefe fein.

In junger Gasse eng und schmal,
wo sie mir den Namen stahl.
Löst die Lüge von den Lippen,
sticht das Messer zwischen Rippen.

Die Treue starb am Eifelturm,
ein flacher Stein im Wassersturm.
Bigotterie par excellence,
lässt dem Leben keine Chance.

Fühle die Großstadt – feiner Liebesduft.
Paris – mon amour – so falsch, so stur!

Die Einsamkeit durch Gassen irrt,
die Lüge, die zur Wahrheit wird,
wenn man ach zu lange schweigt,
verschenkt die Lippen an die Zeit.

Und solange es mein Blut mir sagt,
träumst du von alten Platten.
Solang ein Puls im Herzen trabt,
lebst du in meinem Schatten.

Ehrlich

Wenn ich jetzt ganz ehrlich bin,

so macht dein Leben keinen Sinn.

Allein nicht überlebensfähig,

dein Leben ist ein Löwenkäfig.

Ein Bild, das schief im Rahmen steckt

und sich nach jeder Ecke streckt.

Ich musste dich zum Abgrund lenken,

um dich darin zu versenken.

Lebst dein Leben nur zum Schein,

leugnest brav es noch zur Stunde.

Würdest töten, um nicht du zu sein,

wenn auch nur für Sekunden.

Doch morgen wirst dir Schuhe träumen,

aus Schwere, die die Füße säumen.

Wirst mutig mit den Wellen ringen,

den Augenblick zum Flussgrund bringen.

Wie schön sie ist

Dort oben lebt sie, lächelnd, schön,
hört auf besten Klang.
Doch dein Leben welkt so trist dahin,
fängst du sie zu lieben an.

Der Mond beschwörend nach ihm ruft,
doch er lässt nichts unversucht.
Das Tränenkleid es lächelt schlicht,
„oh, mein Sohn, sie liebt dich nicht.“

Doch das Herz in seiner Wut,
das zornig auf der Welle geigt.
Ursprünglich auf der Liebe ruht,
doch nach Zeit es nicht verzeiht.

So stirbt in warmen Armen dann,
des Mädchens Lächeln, feiner Klang.
Die Erde feucht den Leib beschwert,
so wird sie ihm zur Frau erklärt.

Wie schön sie war...

Der Weg meiner Freiheit

Du bist die Scham und ich der Stolz,
du bist aus Stahl und ich aus Holz.
Ich bin der Wind und du die Nacht,
wir sind des Feuers Zauberpracht.

Du bist der Weg und ich das Ziel,
du bist zu wenig, ich zu viel.
Ich bin der Wolf und du der Wald,
wir sind der Schwärze Lichtgestalt.

Doch nur, wenn ich alleine sing - schiebst du mich zum Feuer hin!
Wenn Sterne fallen, Wind sich dreht - wohin einen das Leben weht.

Wir sind glücklich und verbittert,
ein Raubtier, das die Fährte wittert.
Du das Wort und ich der Ton,
des wildes Lebens Finderlohn.

Wir sind alleine noch uns treu,
des goldenen Weizens beste Spreu.
Du das Herz und ich der Geist,
ich bin schwarz und du bist weiß.

Doch nur, wenn ich alleine sing - schieb ich dich zum Feuer hin!
Wir sind der Sand, wenn Zeit vergeht - wenn man doch in Flammen steht.

Mondspaziergang

Der Schatten wandert auf der Wand,

führt das Schicksal in der Hand.

»Hätte noch so gern gewusst,«

trägt den Herbst in ihrer Brust.

Das Grün der Augen matt verbraucht,

das Hell des Herzens weiß verraucht.

Der volle Weizen weicht der Flut,

die zarte Rose frisst die Glut.

Da warten sie allein und starr - la mort ne demande pas!

Bis sich dieser Himmel wölbt - tu n´es pas seul!

Bilder fliegen, Eis formt Kleid,

Herzen werden sanft entzweit.

Löst und bringt ein neues Leid,

zeigt der Zeiger Leichenzeit.

Er hält die Schmerzen hoch ins Licht,

doch der Himmel liebt sie nicht!

Und der Schnitt am Aderlass,

färbt den zweiten Körper blass.

So liegen sie zu zweit und nah - la mort ne demande pas!

Weil sich uns der Himmel wölbt - nous ne sommes pas seuls!

Wie man´s macht I

Man läuft
weg oder zur Höchstform auf.
Man fällt
tief oder den Berg hinauf.
Man schläft
mal nicht und dann zuhauf.
Man wacht
gebannt – mal nicht mehr auf.

Man schreit
mal leise und mal laut.
Man liebt
den Herrn und auch die Braut.
Man fleht
zur Nacht und mal zum Licht.
Man lebt
nur einmal, oder nicht.

Typ:ch

Bin so frei und doch gebunden,
mangle nicht an Reibepunkten.
Guter Ratschlag - richtig teuer,
gieß das Öl ins Lagerfeuer.

Für jede Lösung ein Problem,
für jede Strömung ein Extrem.
Nichts gelesen - informiert,
das Tempolimit ignoriert.

Auf gewisse Art und Weise, so
grobschlächtig!
Kein Gewissen? Hart und leise, so
grob, schlecht, ich!

Anfang, Abschied - neue Träume,
das Schloss es hat zu wenig Räume.
Das kleine Herz es lächelt stumm,
»bin brennendes Magnesium!«

Imperator Chronik

Hoheitsgewässer - Wellenexplosion,

erhaben wachend - Lichtperson.

Tiefstehende Sonne - Zinnsoldat,

Diamantkrone - Goldbrokat.

Man hat in der Tiefe und Dichte der Geschichte gelesen,

von in neonlichtgetauchten lautstark fauchenden Wesen.

Rise to fall - singen stilllaut alternde Knochen in brütenden Schüben.

Fall to rise - Größenwahnsinnschübe aus der Großhirndrüse.

Das Feuer soll sein Spiegel sein - wie das Zeitglas bereit zur Jagd.

Mondgraue Augen, wetzende Klauen - Imperator Chronik - Weltmonarch!

Leitmotiv - Bildersturm,

einst die Schlinge - jetzt der Thron.

Küsten zerklüftet - Erde verbrannt,

legt die Schwingen sanft aufs Land.

Umhüllt von Zuflucht spendenden Legenden, Lobgesangsimperium,

Von niemals endenden Sommersonnenwenden, Totentanzdelirium.

Rise to fall - singen stilllaut alternde Knochen in brütenden Schüben.

Fall to rise - Größenwahnsinnschübe aus der Großhirndrüse.

Das Feuer soll sein Spiegel sein - sein Schatten lehrt dich fürchten.

Lorbeerkranz so still und rein - Imperator Chronik - Weltmonarch!

Nordlichtsehnsucht

Ein loderndes Licht im Eisgewand,
eisige Böen – Feuerland.
In dunkler Nacht du suchtest mich,
hast mein Herz im Nu gestohlen.

Zeigtest mir deine Tiefen, ganz geheim,
den Sommermorgensonnenschein.
Und nun in stillen Stunden dann,
spielst du die Melodie, die Sehnsucht heißt.

Das Verlangen groß,
lass mich bei dir sein.
Von dir weiß ich,
dass es auch anders geht.

Lässt alle verblassen, muss zurück zu dir,
die Sehnsucht schnappt – ein wildes Tier.
Lass mich deinen Herzschlag spüren,
dein Feuer erneut erahnen.

Nordlichtsehnsucht – bis wir uns wiedersehen.

Nah am Feuer gebaut

Am Flussmund, nah an kalter Welle,
lebt bei Flammen, kristallklar,
die ungestüme Lebensquelle,
spricht aus scharfem Lippenstahl.

»Ich bin die Schwärze aller Nächte,
ich bin das Hämmern aller Spechte!«
Und wenn das Leben schläft im Staub,
schlägt sie dir neue Seiten auf.

Dort am Waldrand, hinter Dielen,
schläft des Schattens Lichtgestalt.
Wird mit Wortes Wellen spielen,
lächelnde Sturmflutgewalt.

»Ich bin die Sehnsucht in der Ferne,
ich bin das Leuchten aller Sterne!«
Nimm dir Zeit, um anzuhören,
was der Wind verschweigt.

Und wenn der Sturm aufzieht,
wird die Welt verändert!

Denn dieses Haus...

Mitternachtserinnerung

Ein sanfter Klang – Kerzenlicht,

drück die Seele zu Papier.

Das Mondlichtlächeln bricht,

sage, was sich keiner traut.

Warte auf ein Wort von ihr,

schweigend, das Haupt über Flackerlicht.

Gefühlvoll singt das Klavier,

denn es wird langsam wieder Zeit.

Die Sekunden fließen zäh dahin,

doch Blicke ich ab heut zurück,

erkenne ich den Lebenssinn,

denn alles wurde wirklich gut!

Zu zweit

Steck dein Herz in meine Tasche,
zieh der Jacke eine Masche.
Raub die Köder von den Fallen,
stutz dem Leben seine Krallen.

Nimm der Zeit einfach die Macht,
klau uns Sterne in der Nacht.
Lass mich auf zum Feuer sehen,
und uns zusammen untergehen.

Allnachtsfantasie

Jede Gasse träumt verwaist,

dort oben wacht einsam die Flamme.

Sieh, die Sterne, sie leuchten so schön,

Gedankenzirkus hinter Augen und Stirn.

Allnachtsfantasie – Ich bin mehr als nur ein Traum!

Korn um Korn, die Zeit verrinnt,

die Sanduhr, die sich alles nimmt,

was sie kann – Schrecksekunde,

Schritte näher – Morgenstunde.

All, Nachts, Fantasie – Traumlos glücklich!

Randnotiz III

Die unsichtbaren Wunden des Lebens sind die tiefsten.

Schwarze Rose

Feuchte Haut und eine Träne,
weiches Laken, Sägespäne.
Stich die Nadel in den Fluss,
auch wenn ich verbluten muss.

Rose, oh Rose!
Du steckst mich in Brand.
Dornen der Haut,
wie die Füße im Sand.

Des Feuereifers fester Hang,
gibt der Stille einen Klang.
Das Leben öffnet mir den Schoß,
lässt den Regen auf mich los.

Rose, oh Rose!
Ich steck dich in Brand.
Zerkratz dir dein Lächeln,
zerreiß dein Gewand.

Die roten Rosen sind uns fern,
aus Linien formt ein heller Stern.
So lächelst du in zarter Pose,
mutig, treue schwarze Rose.

Unlust

Sonntag, Regen – keine Wende,
springt der Frust in meine Hände.
Lässt sich tragen, Tag und Nacht,
hat mich um den Schlaf gebracht.

Die Geigenseite voller Charme,
schneidet frech in meinen Arm.
Der Quellfluss, der zum Himmel schweigt,
die Nacht mir keine Sterne zeigt.

Lässt mich nicht in Ruhe liegen,
schaukelt Trübsal in den Wiegen.
Wie Ballast – werf ihn vom Rücken,
werd mir seine Sterne pflücken.

Es wird Tag

Morgentau - Sonnenkuss,

die endlos Nacht doch weichen muss.

Die Kälte stirbt am kleinen Fluss,

es ist so schön dich zu sehen.

Das tosende Meer in weiter Ferne,

das schlagende Herz in feuchtem Gewand.

Der Nebel sanft die Wipfel umgarnt,

ich wusste immer wer du bist.

Warum ich so wurde, wie ich bin,

steht geschrieben in den Sternen.

Eine Legende in glühender Gravur

und nur wenn du das Feuer nicht fürchtest...

...dann zeig ich sie dir.

Nadelöhr

Die Stimme, die dich nie verlässt,
dir Sterne in die Augen presst.
Wenn dich dieser Wahnsinn packt,
Geigenschreie in der Nacht.

Kugelhagel, Donnergrollen,
dem scharfen Wind Tribute zollen.
Brandungsströmung – kalte Therme,
ein rasend´ Herz im Pulk der Sterne.

So fließt das Blut in meine Zeilen,
es will auf diesen Seiten weilen.
Diese Klinge führt ein Meister,
an ihr schneiden sich alle Geister.

Fernwehtanz

Die Sonne quält sich übers Land,
taube Schritte, unbemannt.
Weils´ Sinne nährt und Seele schont,
wer nimmt was war, der gibt was kommt!

Treibt zur Flut, wenn's flehend weint,
begeh ich Taten laut und leise,
Jagd und Flucht in sich vereint,
begeb mich streunend auf die Reise.

Nähr mich, reib mich - zerr mich, treib mich!
Männlich, weiblich - endlich, leiblich.
Fernwehtanz in seiner Pracht!

Lässt Zeit und Wege weit im Spiegel,
gibt dem Alten Brief und Siegel.
Wiegt das Fleisch von Hier nach Da,
nichts wird sein, wie es mal war.

Ohne Uhr und den Vergleich,
leert mich, lehrt mich - wie ich fliege.
Fasst mich geifernd - wolfesgleich,
Abschied - Anfang - Lebenswiege.

Ehr dich, zeig dich - zerr dich, treib dich!
Erdlich, zeitlich - endlich leiblich.
Fernweh, tanz! - In deiner Pracht!

Einsam

Die Nacht das Blau des Himmels stiehlt,
die Kugel, die auf Herzen zielt.
Der eisigen Mauer treue Wärme,
am Himmel flüstern Vogelschwärme.

Auf dem Weg so steil empor,
der alte Mann sein Herz verlor,
an das Wesen aus der Nacht,
die Sonne um das Licht gebracht.

Die Schritte zaghaft, ja es war,
der Ort an dem er sie ansah.
Zwei Herzen formten eins in rot,
das eine schlug – das andere tot.

Manie und Furcht in seiner Hand,
der weiche Saum im Herz verbrannt.
Weit der Weg am Flussgewand,
riecht vertraut nach Schwefelbrand.

Herzen

Das alte Klangrohr - staubig, rostig,
ruht in der Stube - traurig, frostig.
Schläft alleine - tönt nicht mehr,
goldne Zeit voll Glanz und Flair.

Sing für mich, spiel für mich!
Fang mich hier und halt mich warm!
Fessel mich, so lieb ich dich,
geh deinem Funkeln rasch ins Garn.

Doch längst vergessen - weißt du noch,
wie das alte Eisen roch?
Das alte Klangrohr - rostig rot,
ruht in der Stube - frostig, tot.

Tanz der Teufel

Sie löst die Nähte aus dem Kleid,
zieht Fäden aus dem Leinen.
Gebärt Momente frei von Zeit,
goldene Flüsse, dichter Reigen.

Wie zwei Farben, schwarz und weiß,
man darf sie nicht vermischen.
Gegensatz wie Glut und Eis,
ein Kuss kann uns vernichten.

Der Moment macht süchtig,
der Atemzug verflucht den Morgen.
Hochgefühl, belebend, flüchtig,
in all seiner Schwärze geboren.

Ausgebrannter Lebenssee,
doch süßes Wasser, Teufelspakt,
wird bitter noch bei Erstkontakt,
keiner quält sie so wie sie.

Am Ende des Flusses,
singst dein Lied ins Gesicht der Zeit,
lass ich endlich von dir ab.
Letzter Stich fürs Narbenkleid.

Ein letzter Blick, die Odyssee,
denn keiner quält sie so wie sie.

Eisnacht

Der Wind flüstert die Eismusik

und Wälder stehen in Nordlicht getaucht.

Ich blicke hinauf - doch niemand hinab,

in die eisige Hölle aus gefrorenem Mensch.

Zitternd wandert der Blick zum Stundenglas,

des Lichtes Schimmer in mir wird schwach.

Der Feuereifer lang verflossen,

das letzte Blau des Tages längst verbraucht.

Die Zeichen stehen auf Abschied,

Eisnacht - öffne deine gigantischen Schwingen.

Der Atem sichtbar in der Luft

und die Vergangenheit formt Firmament.

Die gemachten Sterne klar zu sehen,

eine Skulptur aus Seele - von Innen gefroren.

Der Blick ist weit sowie der Morgen,

der letzte Schnee sich längst gelegt.

Formt neue Hülle für altes Wesen,

Eisnacht - unter ihr kein Puls.

Fäulnis

Der Name schön, so sag ihn brav,
das Lächeln oft geübt.
»Ich bin wie du, sogar im Schlaf,
bin fröhlich - nie betrübt.«

Das Wesen, das die Taten reut,
die Haut so warm wie Schnee.
Noch das Bild im Spiegel scheut,
weiß nicht, wohin es geht.

Der Eigenwert, er starb im Land,
so lange er noch konnte.
Verschenkte sie ihr Herzchen dann,
weil keiner ihm mehr folgte.

Allein, allein an kalten Tagen,
»was willst du von mir hören?«
Schläft so friedlich in den Narben,
so will ich es nicht stören!

Randnotiz IV

Erst wenn sich Zeiger rückwärts drehen,

die Wesen um Vergebung flehen.

Seelenversandt

Mondstille - Laugenluft,

die Zähre auf das Auge ruft.

Diamantenschwarzes Sternenbild,

dem Himmel von den Wangen quillt.

Das Lichtspielhaus für tot befunden,

des Bächleins warmer Strom verschwunden.

Fegt die Straßen leer geschwind,

so meine Worte frisst der Wind.

Lichtgestalt

Ein Zündholz schläft so purpurrot,
so küsst´ das Licht im Sulfurtod.
Der Erdschwefel die Luft ertränkt,
dem Himmel zweite Sonne schenkt.

Es träumt es, hydrophob im Sturm.
Zerstäubtes Lykopodium!

Gibt alten Meeren neue Flächen,
an ihm sich brav Wellen brechen.
So schreibt das Feuer ins Gesicht,
»diese Klinge kreuzt man nicht.«

Lebensmittel.

Aus meiner Seele springt ein Fluss,
führt allerfeinsten Klang.
Pflanzt den Puls in meinen Arm,
blutet Tränen weich und warm.

Furchteinflößend, rasend, fein,
fließt der Wundes Zauber.
Führt die Nadel, heiß wie Glut,
flüstert knisternd in mein Blut.

Des Wortes scharfe Klinge wetzt
die stürmische Gestalt.
Nimmt mein Schicksal an der Hand,
kommt und raubt mir den Verstand.

Schwefelschwanger liegt die Luft,
der Wellen Wehen weichen.
Das Wasser flüstert Melodie,
»mich zu zähmen schaffst du nie.«

Kränklich

Rotes Tuch und Maskerade,
schnürt die Zügel der Corsage.
Duft zerstäuben, schwarze Linie.
»Bin das Abbild einer Lilie.«

Die Sonne aus den Wangen bricht,
die Schönheit fürchtet Alter nicht.
Log die Knaben fort und dann,
wählt sie einen anderen Mann.

Ein Stern, der schön die Nacht erhellt,
dem Himmel von den Augen fällt.
Von Lippen aus, den Wunsch er spricht,
wünscht die Zeit in ihr Gesicht.

Der Augen Schönheit blieb nicht heil,
weiß nicht, was sie da noch sollte.
Verkaufte ihre Lippen weil,
nun keiner sie mehr wollte.

Viktoria

Voll Leben und Zauber,

ist dein goldenes Lächeln.

Kein Wind dieser Welt,

trägt alleine das Glück.

Ich mach mich bereit, spürst du?

Ich wetze die Klauen, fühlst du?

Du bist so nah - nur dir geb ich alles.

Nimm mich mit - Viktoria!

Ob dein fauchendes Atmen,

raubt mir die Nächte allein?

Immer auf der Suche,

alsbald bist du mein!

Es wird langsam Nacht, siehst du?

Der Sommer er stirbt, riechst du?

Ich brauche es sehr - will nicht mehr so sein.

Reiß mich hinfort - Viktoria!

Wie man´s macht II

Man scheitert
nicht oder auch kläglich.
Man liebt sich
jährlich oder täglich.
Man ist
ein Paar oder allein,
man kauft
Pralinen oder Wein.

Man fasst
die Hand oder Entschluss.
Man merkt
nicht, was sich ändern muss.
Man atmet
aus und nicht mehr ein.
Man lebt
gefangen oder frei.

Panzergraf

Das Universum steht in Flammen!

Man siehts´ erst nicht und dann in Ferne,
so steigt ein Ballon hinauf gen Sterne.
Unberührt von Raum und Uhr,
unbekümmert – frei und stur.

Doch der Zorn im Mann auf Erden,
widmet sich den Drohgebärden.
Der Panzergraf durchkreist den Wald,
streckt die Hand zur Faust geballt.

Doch hoch der Ballon im Blaugedicht,
kennt des Grafen Sorge nicht.
Steigt und steigt, vergisst es schlicht,
und fliegt der Sonne ins Gesicht.

Die Sonne sagt es auf und wieder,
brennt der Sorge Felder nieder.
Atmet – blinzelt – singt ihre Lieder,
Fleischgeruch – verbranntes Mieder.

Der Graf, der es doch wissen muss,
stiehlt der Sonne letzten Kuss.
Gießt die Glut aufs Firmament
und wünscht sich, dass er nicht verbrennt.

Und das Universum...

An meine Träume

Der kalte Weg, er schläft vereist,
am Himmel die schneeweiße Pracht.
Sie atmet ein und lässt uns fallen,
die uferlose Schwärze der Nacht.

Sie ertrinkt jetzt wieder in sich selbst,
ist sie es, die hier verbrennt?
Sind alles und auch nichts zusammen,
stellen diese Welt in Flammen - nur einmal!

Trag dein Geheimnis in der Haut,
ein tiefes Schwarz den Körper raut.
Von schmalen Lippen fällt ins Eck,
zeigt mir, was sie lang versteckt.

Das Wasser aus der Haut entspringt,
bin ich es, der bei ihr ertrinkt?
Sind alles und auch nichts zusammen,
wir stellen diese Welt in Flammen - noch einmal!

Auch wenn mich der Gedanke sticht,
das Messer alt - die Wunde nicht.
So trägt der Wind die Flocken hin
und zeigt ihr, wie allein ich bin.

Lass uns brennen - bis zum Tod!

Scherbenhaufen

Die junge Dame hübsch, charmant,
im Land als Herzensfrau bekannt.
Für Einsame Ton als Gold gefaltet,
die Lüge auf das Herz gestaltet.

Als freitags sie ihr Herz verlor,
die Töpferin vom Martinstor.
Mit dem Schmied sie formte bald,
ein Lebensbild in Tongestalt.

Sonntags fiels´ ihr aus der Hand,
im Stahlbeton den Meister fand.
Die Zähren rennen, Augen groß,
fiel der Trauer in den Schoß.

Die Töpferin zum Kehrblech stammelt,
so hastig alle Brüche sammelt.
Doch das Herz es schlägt nicht mehr,
ein Scherbenhaufen formt sich schwer.

Am Tonrad kauernd und im Land,
seither als herzenslos bekannt.
Sieht einen Stern zu Boden gehen,
wünscht sich sie würd
in Flammen stehen.

Alles was ich habe

Dieses Gefühl musst du hören,

es muss unter die Brust.

Eine handvoll Herz im gleichen Takt,

die Silbenwahl im Lebenspakt.

Der großen Hände warmer Schoß,

des Feuers schönes Rettungsfloß.

Des Wahnsinns goldene Schnörkelschrift,

des Abgrunds reines Gegengift.

Dieses Gefühl musst du sehen,

es muss unter die Haut.

Wo sie auf dem Zauber thronen,

der Zacken aus den goldnen Kronen.

Schenkt Kalender für den Morgen,

gibt mir ´ne Truhe für die Sorgen.

Hebt die Ebbe, senkt die Flut,

schenkt der Asche neue Glut.

Feuernacht

Gegenwind, stille Nacht – Kälte lacht,
lehn mich an glühender Schulter an,
ein Feuer fängt mit Funken an,
taste sehnend – Flammenpracht.

Wie drei Motten, rund um Schein,
stehlen uns einen Moment der Zeit.
Vergangenheit wird Raub der Flammen,
Flammennacht, eng, sitzend, zusammen.

Taumelnd – flackernd, hin und her,
Gefühle ertrinken im Flammenmeer.
Verführt durch Feuers schönen Lauf,
steigt Geschichte gen Himmel hinauf.

Lodernd – lächelnd, gebranntes Kind,
das nicht mehr nach Rache sinnt.
Durch rote Glut in dunkler Zeit
wird Wort zu Asche – Ewigkeit.

Gegenwindstille Nacht – Wärme wacht,
zwischen Augen und Ohren geboren,
Atemluft für reinen Morgen,
Tanz der Flammen, Feuernacht.

Leb los!

Kennst die Schrift von den Tangenten,
in Ruh geformten Textfragmenten.
Vom nicht Auszahlen aller Qualen,
vom Abwärtslaufen der Spiralen.

Kannst dir jetzt Gedanken schaffen,
sie danach in Watte packen.
Weil oben in dir es entbrennt,
der Kampf am Seelenfirmament.

Leb los! Leb los!
Lass, was dich stört!

Wo sie singen und auch toben,
sind die Sterne mir gewogen?
Lass Gedankenwinde los,
mach die kleinen Dinge groß!

Die alten Zöpfe abgeschnitten,
der Furcht das alte Kleid zerrissen.
Das Leben liegt dort nackt und rar,
die Möglichkeit, die es gebar.

Leb los! Leb los!
Nimm, was dir gehört!

September

Seitdem ich ging,

wirkt Haut wie Klinge.

Jedes Gefühl,

ein Stachel aus Stahl.

Wurde für die Welt verdorben,

nichts mehr so, wie es früher war.

Dunkelheit,

obwohl ich brenne.

Bin taub,

doch vernehme jedes Wort.

Ein Lächeln – nur Fassade,

die roten Rosen längst verblüht.

Was wir nur so schwer verstehen

Vier Fußstapfen so schweigend blicken,
sich gegenseitig Zukunft schicken.
Am Blauende so fragt sie an,
worauf der Mann nichts sagen kann.

Der Mann zur Jagd den Bogen spannt,
umkreist den Wolf im Fichtenland.
Das Kind im Mann zum Wolfe singt,
der ihn dann zu Boden ringt.

Doch der Wolf im Strauchgeflecht,
so plötzlich von der Kehle lässt.
Sieht Zähren rasch im Flieder stehen,
kann das Herz des Kriegers sehen.

Mensch und Tier die Häupter senken,
sich wortgewandte Feigheit schenken.
»So lohnt sich ohne ihr Beisein schlicht,
in diesem Leben das frei sein nicht!«

Als zum Kuss der Nacht die Blicke streifen,
wird Beherztheit in den Venen reifen.
Am Blauende, so soll sie lauschen,
will Worte mit den Ohren tauschen.

Denn was wir nur so schwer verstehen,
die Liebe lässt man nicht vergehen!

Messerhandlungen – Heroin Chaos

Der Vodka, der die Wolken treibt,

das Kind, das sich die Augen reibt.

Der Weg, der nicht zur Sonne führt,

die Wunde, die das Messer spürt.

So fauchend reißt der Nachtschakal,

den Abdruck in den Lebensstrahl.

Auf rauen Pfaden, wie zuvor,

schamlos – Vamos mi amor!

Die Füße laufen auf dem Sand,

küsse Schnitte an der Hand.

Die Häute Ströme mir gebären,

schenk ihr Flüsse schwarzer Tränen.

Ganz bald!

Sobald sich dieser Käfig öffnet,
die Bastion im Heiß ertrinkt.
Träumt von dem, was ihr nicht möchtet,
der Schlüssel in dem Schlösslein klingt.

Die Zeit am Sand der Uhr verdurstet,
der Furcht der letzte Vogel singt.
Die Ruhe vor dem Sturm sich plustert,
das Gitter aus dem Rahmen springt.

Und ein leises Fauchen flüstert sanft,
»gib zur Jagd mich frei!«

Schlussstrich

Stau die Brüche aller Vasen,

pack sie tüchtig ein.

Zieh die krummen Linien gerade,

schenk dir reinen Wein.

Man führt die Schrift an einen Ort,

an dem der Schmerz gemacht zunichte.

Aus Flecken, Formen, Farben, Fehlern,

formt sich dann ein Bild.

Pack zur rauen See die Kiste,

lade Kutter – Leinen los!

Streich die Fragen deiner Liste,

spende sie dem Meeresschoß.

Erstickt am Feuer auf der Reise,

schwefelschwarz der Horizont.

Ein Klagelied zum Himmel springt,

egal auf welchen Schiffen ihr versinkt.

Denn heute heißt es nicht auf Wiedersehen,

heut heißt es „Leb wohl!"

Biographisches

Michael Winter

geb. 1990 im Hochwald in Rheinland-Pfalz.

Machte sein Abitur in Trier und schloss nach seinem Lehramtsstudium das Referendariat für das Lehramt an Gymnasien in den Fächern Englisch und Erdkunde erfolgreich ab. Momentan arbeitet er an einer Schule im Kreis Trier-Saarburg und ist nebenbei musikalisch tätig.

Inhaltsverzeichnis

Zeitfracht Medien GmbH
Ferdinand-Jühlke-Straße 7
99095 Erfurt, Deutschland
produktsicherheit@kolibri360.de